O gato Lindinho

O gato Lindinho

Cecília Rocha e Zaira Silveira

Copyright © 2005 by
FEDERAÇÃO ESPÍRITA BRASILEIRA – FEB

3ª edição – 1ª impressão – 2 mil exemplares – 11/2012

ISBN 978-85-7328-746-2

Todos os direitos reservados. Nenhuma parte desta publicação pode ser reproduzida, armazenada ou transmitida, total ou parcialmente, por quaisquer métodos ou processos, sem autorização do detentor do copyright.

FEDERAÇÃO ESPÍRITA BRASILEIRA – FEB
Av. L 2 Norte – Q. 603 – Conjunto F (SGAN)
70830-030 – Brasília (DF) – Brasil
www.feblivraria.com.br
editorial@febnet.org.br
+55 61 2101 6198

Pedidos de livros à FEB – Departamento Editorial
Tel.: (21) 2187 8282 / Fax: (21) 2187 8298

Texto revisado conforme o Novo Acordo Ortográfico

Catalogação na fonte
Biblioteca de Obras Raras da FEB

R672g
    Rocha, Cecília, 1919-2012
       O gato Lindinho / elaborado por Cecília Rocha e Zaira Silveira; [Ilustrações Rebouças & Associados]. 3. ed. – 1. impressão – Brasília: FEB, 2012.

       32p.: il. color.; 25cm – (Série: Lições de vida)

       ISBN 978-85-7328-746-2

       1. Ética – Literatura infantojuvenil. I. Silveira, Zaira, 1939-. II. Rebouças & Associados. III. Federação Espírita Brasileira. IV. Título. V. Série

                                   CDD 869.3
                                   CDU 869.3
                                   CDE 81.00.00

APRESENTAÇÃO

Com o objetivo de divertir e possibilitar a aquisição de conhecimentos e valores éticos, estamos oferecendo ao público infantil esta coleção de livros de histórias. Esta série, que se destina a crianças de cinco e seis anos de idade, foi escrita em linguagem acessível a este público, com textos curtos, enriquecidos de ilustrações que permitem à criança a visualização e a concretização dos conteúdos apresentados. Acreditamos que o manuseio destas obras poderá despertar nas crianças hábitos de boa leitura e entendemos que os exemplos de comportamentos morais aqui sugeridos poderão servir de modelo a ser imitado. Consideramos, ainda, que esta coleção de livros auxiliará os pais na seleção de obras infantis que, certamente, irão colaborar com a educação de seus filhos.

As Autoras

Era uma vez um gato que se chamava Lindinho. Ele era branco e preto. Tinha o focinho branco, o rabinho branco, as quatro patinhas brancas e, ao redor do pescoço, havia uma lista branca, como se fosse um colar...

— Miau! – chamou Dona Gata, levantando-se bem devagar. – Venham, meus filhos, vocês já estão grandes e precisam sair para conhecer o mundo. Há muita coisa para ver... Vamos!
Tatá e Tutu logo levantaram a cabecinha para ouvir melhor o que a mamãe Gata dizia.

Lindinho, no entanto, nem se importou com o convite da mãe. Continuou deitado e espreguiçava-se gostosamente enquanto pensava:
— Eles parecem bebezinhos... Grande coisa é conhecer o mundo!
— Miau, miau! – chamou de novo a mãe. – Vamos, vamos, mas sigam as minhas orientações e não se afastem de mim!

Tatá e Tutu andavam ao lado da mãe, mas Lindinho caminhava distante, olhando as moitas de capim, uma coisa e outra.
— Miau! – dizia a mãe. — Se você não andar conosco, pode se perder ou se assustar com alguma coisa!
— Miau! – respondeu Lindinho. — Eu sou muito esperto. Não vou me perder nem me assustar.

Dona Gata continuou a caminhar, mostrando tudo aos gatinhos, que estavam encantados com o mundo: as árvores muito altas, cheias de flores e frutos... os animaizinhos correndo por entre as plantas, ou indo de um galho para o outro, à procura de alimentos...

De repente, Tatá avistou, ao longe, uma coisa enorme, muito azul, que brilhava... brilhava... e logo quis saber o que era. Mamãe Gata, então, explicou:
— Aquilo é um rio, Tatá.
— Podemos ir até lá para ver o rio mais de perto, mamãe? – perguntou o gatinho.

Mamãe Gata e seus filhinhos chegaram ao rio e ficaram admirados com aquelas águas azuis e muito claras. Dava até para ver o colorido dos peixes e das pedrinhas que enfeitavam o fundo!

— Tutu, Tatá! – exclamou Lindinho. – Vejam aqueles dois peixinhos dourados ali adiante! São lindos e nadam tão rápido!...
Lindinho quis ver os peixinhos bem de perto... e resolveu aproximar-se mais da beira do rio. Chegou mais perto, mais um pouco e... "plaft"! Caiu de cabeça, mergulhando na água!

Lindinho debatia-se desesperadamente. Sentia a água na boca, nos ouvidos, nos olhos, e não sabia o que fazer. De repente sentiu que alguma coisa o puxava para fora. Era Dona Gata, que, com muito esforço, conseguiu tirá-lo da água.

O gatinho desobediente estava tão fraco e assustado que precisou deitar-se um pouco, para refazer as forças e poder ficar de pé. Quando conseguiu levantar-se, viu que estava feio, com o pelo molhado, grudado no corpo.

Conselho Editorial:
Nestor João Masotti - Presidente

Coordenação Editorial:
Geraldo Campetti Sobrinho

Produção Editorial:
Fernando Cesar Quaglia

Coordenação de Revisão:
Davi Miranda

Revisão:
Rosiane Dias Rodrigues

Capa:
João Guilherme Andery Tayer

Projeto Gráfico e Diagramação:
João Guilherme Andery Tayer

Ilustrações:
Rebouças & Associados

Normalização Técnica:
Equipe da Biblioteca de Obras Raras da FEB

Esta edição foi impressa pela Gráfica Edelbra Ltda., Erechim, RS, com tiragem de 2 mil exemplares, todos em formato fechado de 200x250 mm. Os papéis utilizados foram o Couché Brilho 115 g/m2 para o miolo e o cartão Supremo 250 g/m2 para a capa. O texto principal foi composto em fonte Amaranth 17/23.